FACULTÉ DE DROIT DE TOULOUSE.

𝕬𝖈𝖙𝖊 𝕻𝖚𝖇𝖑𝖎𝖈

POUR LA LICENCE.

MARIE ESCUDIER,

IMPRIMEUR-LIBRAIRE, RUE SAINT-ROME, 26.

1835.

A ma Famille,

A MES AMIS,

Le Christ Dieu fait homme est venu sur la terre prêcher aux hommes la liberté, l'égalité, la fraternité; les lois qui proclament la liberté, l'égalité, la fraternité, sont filles du ciel; elles accomplissent l'œuvre de Dieu.

Un prévenu d'avril.

Faculté de Droit de Toulouse.

ACTE PUBLIC

POUR LA LICENCE,

En exécution de l'art. 4, tit. 2, de la loi du 22 ventôse, an 12.

SOUTENU PAR

M. Fournel (Henry-Claude.)

Né à Tournon (Lot-et-Garonne).

JUS ROMANUM.

Inst. Lib. 1, Tit. 23, 24, 25 et 26. — *De Curatoribus.*

Curatores, à voce *curare* nomen accipiunt. Dari solent eis qui vel propter lubricum ætatis, vel propter corporis infirmitatem aut animi vitium sua negotia idoneè ipsi tueri nequeunt.

Masculi puberes et feminæ viripotentes usque ad vicesimum quintum annum completum curatores accipiunt, quos tamen inviti nunquam accipiunt, nisi propter litem, adversario postulante, aut propter accipiendum debitum, et obtinendas rationes tutoris. Dantur curatores, propter corporis infirmitatem, surdis et mutis, et aliis omnibus qui perpetuo morbo laborant; propter animi imbecillitatem, furiosis, prodigis et mente captis, et aliquandò quoque ipsis dantur pupillis cùm eorum tutor legitimus non sit idoneus vel aliquâ necessitate impediatur quominùs negotia pupilli administret, vel pupillus absit aut infans sit.

Duplex distinguitur curatorum species : nempè *omninò dativi* et singulares. Si curator à patre testamento datur, confirmari debet decreto prætoris vel præsidis, qui singularis curator dicitur. Omninò dativi curatores nominantur in urbe Româ, vel à prætore, vel à præfecto urbis secundum uniuscujusque jurisdictionem, in provinciis autem à præsidibus earum, et si adolescentis facultates non ad quingentos solidos valeant à defensoribus civitatis vel à cæteris personis publicis.

Cura est munus publicum ; itaque omnis civis qui curator nominatus fuerit, suscipere onus curæ tenetur nisi habeat excusationum causas, quæ diversæ sunt : nituntur plerumquè excusationes, liberorum numero, nempè Romæ tres liberi superstites aut in acie amissi; modò excusationes conceduntur propter animi vel corporis debilitatem, sicuti qui litteras nesciunt, qui propter adversam valetudinem sua negotia administrare nequeunt, et deniquè qui majores sunt septuaginta annis; conceduntur etiam excusationes propter munera quæ nova negotia suscipere rarò permittunt, verbi gratiâ : qui res fisci administrant, qui tutelæ vel curæ non affectatæ tria onera jam sustinent. Item propter paupertatem et propter inimicitias quæ curatorem inter et puberis patrem flagrabant, excusatio tribuitur.

Plerumque curatores antequam administrationem suscipiant tenentur, curante prætore, satisdare rem adulti salvam fore. Excipiuntur tamen

curatores ex inquisitione dati quia idonei electi sunt; cœteri ad satis-
dandum, etiam pignoribus captis coercentur. Aliquandò tamen ipsi
curatores ex inquisitione dati, satisdant. Quoties enim duo pluresve
curatores dati fuerint, ille qui majorem satisdationem offert aliis
præfertur ad administrationem.

Curator rarò solus nomine suo rem adulti gerit. Interponit aucto-
ritatem suam et adulto contrahenti consentit, ut actus valeat. Sed et
curator qui ritè nominatus fuit, et satisdedit, potest arceri à curatione
quasi suspectus. Suspicioni autem locus est, quoties curator non ex
fide gerit, v. g, si copiam sui non facit ut alimenta adulto decer-
nantur, aut non est bonis moribus. Accusatio suspicionis est quasi
publica, itaquè tribuitur cuilibet civi romano et etiam quibusdam
mulieribus, veluti avæ, sorori; suspecti cognitio datur in urbe præ-
tori et in provinciis præsidibus earum et legato proconsulis. Pendente
lite, curatori administratio interdicitur; quam recipit si suspectus
judicio non declaretur; amittit verò si suspectus; imò et aliquandò
propter dolum famosus fit, et modò ad præfectum urbis remittitur
extraordinem puniendus.

<hr />

CODE CIVIL.

Liv. iii. Tit. ii. — *Des Donations entre-vifs et des Testamens.*

Dispositions générales.

On ne peut disposer de ses biens, à titre gratuit, que par donations entre-vifs ou par testament. Cette disposition abolit implicite-
ment les donations pour cause de mort, très en usage dans le droit
romain, et permises sous l'ancienne législation française.

La donation entre-vifs est un acte par lequel le donateur se dépouille actuellement et irrévocablement de la chose donnée en faveur

du donataire qui l'accepte. Cette définition donnée par le code, indique clairement deux caractères essentiels de cet acte de bienfaisance: dépouillement actuel, dépouillement irrévocable; il en résulte aussi que la donation, pour être valable, doit être acceptée par le donataire. L'acceptation est le complément nécessaire; elle donne la vie au contrat et lui fait produire ses effets.

Le testament est défini : un acte par lequel le testateur dispose pour le temps où il n'existera plus, de tout ou partie de ses biens et qu'il peut révoquer. A la différence de la donation, le testament est révocable de sa nature; il n'est que l'expression d'une seule volonté et n'a pas besoin d'être accepté.

Sous l'ancien régime, les substitutions jouissaient d'une grande faveur. Elles étaient un moyen d'accumuler et de perpétuer les fortunes dans une même maison, et servaient ainsi puissamment à maintenir le régime féodal qui pesa si horriblement et si long-temps sur nos pères. La grande révolution les abolit. Il y en avait plusieurs sortes ; les principales étaient : la substitution vulgaire, le simple fidéicommis, et la substitution fidéicommissaire. Le Code civil a posé en principe *la prohibition*. L'art. 896 s'exprime ainsi : les substitutions sont prohibées. Mais l'article suivant consacre deux exceptions en faveur des père et mère pour leurs petits enfans, et des oncles et tantes pour leurs neveux. Ces exceptions ont été étendues par la loi du 17 mai 1826, qui diffère peu en principe de l'ancienne ordonnance de 1747. L'art 896 nous apprend qu'une disposition est entachée de substitution lorsqu'elle est faite à la charge de conserver et de rendre à un tiers; mais, par ces expressions indéterminées, le code entend la charge de conserver les biens donnés pendant la vie, et de les rendre à sa mort, c'est là le véritable caractère de la substitution. La disposition par laquelle un tiers serait appelé à recueillir un don que le donataire ne recueillerait pas, n'est pas aux termes de l'art. 898 une substitution. Il n'y a là aucune charge imposée au donataire de conserver et de rendre à sa mort; il en est de même et par les

mêmes motifs, de la disposition par laquelle le testateur léguerait
tout ou partie de ses biens à une personne, à la charge de les conserver et d'en faire la restitution au véritable héritier à une époque
déterminée, par exemple à sa majorité. Suivant l'art. 900, Cod. civ.
les conditions impossibles, celles qui sont contraires aux lois ou aux
mœurs, sont réputées non écrites, et la disposition est valable. *Vitiantur
et non vitiant.*

De la capacité de disposer ou de recevoir par donation entre-vifs ou par testament.

Toutes personnes peuvent disposer et recevoir, soit par donation
entre-vifs, soit par testament, excepté celles que la loi en déclare
incapables. On ne peut étendre les incapacités d'une personne, ni
d'un cas à un autre. Elles sont absolues ou relatives. Les absolues
empêchent de donner indéfiniment ou de recevoir à l'égard de toutes
personnes ; les incapacités relatives empêchent de donner à certaines
personnes seulement ou de recevoir d'elles.

Pour faire une donation entre-vifs ou un testament, il faut être
sain d'esprit. De là l'on peut dire par la règle des inclusions et des
exclusions, que la donation ou le testament est nul, si l'on n'est pas
sain d'esprit. Un acte ne peut être valable s'il n'émane d'une volonté
saine et libre. Les opinions avaient été partagées sur le point de savoir
si la disposition de l'art. 504 de notre code devait être appliquée aux
donations et testamens. Mais le doute est aujourd'hui résolu et la
jurisprudence fixée ; on décide que les donations et testamens sont
régis spécialement par l'art 901 ; lequel forme exception à l'art. 504,
où le principe général est posé, et qu'en conséquence on peut toujours attaquer une donation ou un testament pour cause de démence
du donateur ou du testateur, encore que son interdiction n'ait pas
été provoquée avant sa mort. Quelques personnes croient que la
réciproque est également vraie, et que l'art 901 fait exception à

l'art 502 ; qu'ainsi l'on doit être admis à prouver que la donation ou le testament fait par un interdit, dont l'interdiction n'est pas levée, a été fait dans un intervalle lucide et est valable. Nous sommes d'une opinion contraire.

Celui qui est pourvu d'un conseil judiciaire ne peut donner entre vifs sans l'assistance de son conseil , mais il conserve dans toute sa plénitude la faculté de tester seul. Le mineur âgé de moins de 16 ans ne peut aucunement disposer ni par donation entre-vifs , ni par testament; parvenu à l'àge de 16 ans , il peut disposer par testament et non entre-vifs jusqu'à concurrence seulement de la moitié des biens qu'il pourrait donner s'il était majeur. Le législateur a craint que le mineur ne fût victime de ses passions ou d'une bienfaisance peu mesurée. Dans les testamens il ne se dépouille pas , il ne fait que dépouiller ses héritiers. La loi , pleine de sollicitude pour ceux-ci , n'a pas voulu qu'ils fussent dépouillés entièrement, elle leur a donné comme une espèce de réserve sur les biens du mineur. L'incapacité de donner cesse pour le mineur , dans le cas de mariage. La femme mariée ne peut également rien donner entre-vifs sans le consentement de son mari , ou sans y être autorisée par la justice. Mais elle a pleine capacité pour disposer par testament. Enfin , celui qui est condamné à une peine emportant mort civile, est frappé d'une incapacité absolue de donner et de recevoir, soit par donation , soit par testament.

Pour être capable de recevoir par donation entre-vifs, il suffit d'être conçu au moment de la donation, et par testament , à l'époque du décès du testateur; cette double disposition est basée sur la maxime du droit romain : *infans conceptus pro nato habetur quotiès de ejus commodo agitur.* Néanmoins, ajoute l'art. 906, la donation ou le testament n'auront leur effet qu'autant que l'enfant sera né viable. Deux conditions sont donc nécessaires pour la capacité de l'enfant : sa conception au moment de la disposition , sa viabilité au moment de sa naissance. Ici se présente la série des incapacités relatives, telles que la femme mariée, le tuteur pour le compte de son pupille, le mineur émancipé, le sourd-muet qui ne sait pas écrire, incapacités qui peuvent être levées au moyen de certaines formalités. Les enfans naturels légalement reconnus, les enfans incestueux et adultérins ne peuvent rien recevoir au-delà de ce que la loi leur assigne. Les docteurs en médecine ou en chirurgie ou autres qui auraient traité une personne pendant sa dernière maladie sont incapables de recevoir d'autres libéralités que celles indiquées par l'art. 909 ; la même incapacité atteint le prêtre catholique qui a donné les secours spirituels au testateur dans sa dernière maladie. Le tuteur est incapable de recevoir aucune libéralité du mineur même par testament ; il lui est pareillement interdit de rien recevoir de son pupille devenu majeur, tant que le compte de tutelle n'aura pas été préalablement rendu et apuré.

Celui qui fait une libéralité entre-vifs doit être capable au moment de la donation et au moment de l'acceptation. Il en est de même du donataire pour recevoir. Relativement à la capacité des testateurs, deux époques sont à considérer : celle où le testament est fait, et celle de leur décès; il est nécessaire qu'ils soient capables à ces deux époques. On n'a point égard à l'incapacité passagère dont ils peuvent être atteints dans le temps intermédiaire. Les légataires, pour recevoir valablement, doivent être capables à la mort du testateur, si la disposition est pure et simple, parce que c'est alors que le legs peut être exigé ; et si elle est conditionnelle, ils doivent avoir capacité à l'époque où la condition est accomplie. Toutefois, il faut aussi que dans ce cas le légataire fût vivant ou conçu à l'époque de la mort du testateur. Le législateur, craignant que ses prescriptions ne fussent éludées, a déclaré nulle toute disposition au profit d'un incapable, soit qu'on la déguise sous la forme d'un contrat onéreux, soit qu'on la fasse sous le nom de personnes interposées. Ces déguisemens sont des fraudes. Mais comme la fraude ne se présume jamais, c'est à celui qui l'allègue à la prouver;

si la disposition est faite au profit des père et mère, des enfans et descendans, et de l'époux de la personne incapable, celui qui veut l'attaquer est dispensé de prouver le déguisement. Il y a présomption légale de fraude, et la disposition est nulle.

De la portion de Biens disponible.

Le droit de propriété donne à chacun la libre disposition de ses biens, et la libéralité est une vertu qui mérite d'être encouragée. Pourquoi donc, a-t-on cru devoir lui mettre des bornes? C'est que la bienfaisance doit céder à la justice; avant de donner, l'homme doit acquitter ses dettes. Nourrir, élever leurs enfans, est le premier devoir des père et mère, partager leur pain avec les auteurs de leurs jours est le premier devoir des enfans. C'est une dette que la nature et la loi imposent aux uns et aux autres l'obligation d'acquitter. De ce devoir réciproque, est née l'idée des réserves et de la quotité disponible.

Aux termes de l'art. 913, le père de famille qui ne laisse qu'un enfant à son décès, peut disposer, à titre gratuit, de la moitié de son patrimoine, du tiers s'il laisse deux enfans, et du quart s'il en laisse trois ou un plus grand nombre. Le législateur comprend sous le nom d'enfans, les descendans en quelque degré que ce soit, mais avec cette restriction toutefois qu'ils ne compteront, quel que soit leur nombre, que pour l'enfant qu'ils représentent. L'enfant adoptif doit être compté pour la fixation de la réserve. L'art. 350 ne laisse aucun doute sur ce point. Il en est de même de l'enfant qui renonce ou qui est déclaré indigne. Mais que faut-il décider à l'égard de celui dont l'existence est incertaine? L'enfant naturel légalement reconnu a-t-il droit à une réserve sur les biens de son père?

La loi attribue une réserve aux ascendans; mais elle n'a lieu qu'à défaut de postérité. Si le défunt laisse des ascendans dans une seule ligne, il peut disposer des trois quarts de ses biens, l'autre quart demeure réservé aux ascendans de cette ligne. Il ne peut disposer que de la moitié s'il laisse des ascendans dans chacune des deux lignes ; l'autre moitié est allouée à ceux-ci à titre de réserve. Les biens ainsi réservés au profit des ascendans, sont recueillis par eux dans l'ordre où la loi les appelle à succéder ; il résulte de cette disposition que s'il existe des ascendans autres que père et mère, concourant avec des frères ou sœurs du défunt dans sa succession, ceux-ci, dans l'ordre naturel, étant préférés aux ascendans et les excluant, il n'y a pas lieu à réserve, et tout le patrimoine du défunt est disponible.

Nous avons vu, en parlant de l'art. 904, que le mineur de 16 ans ne peut donner par testament que la moitié des biens dont il pourrait disposer s'il était majeur ; l'autre moitié est partagée entre ses héritiers naturels, de même que s'il était décédé *ab intestat*. C'est comme une espèce de réserve que la loi leur attribue, mais elle n'exclut par la réserve des enfans ou ascendans. Comment se déterminera cette double réserve ? Tous les cas qui peuvent se présenter se réduisent aux suivans : 1º le mineur laisse des enfans légitimes ; 2º il laisse des ascendans dans les deux lignes ou dans une seule ; 3º il ne laisse ni ascendans, ni descendans ; 4º enfin, il décède à la survivance d'un légataire universel, et de ses père et mère ou de l'un d'eux seulement, en concours avec des frères et sœurs, ou avec d'autres collatéraux. Tout ce qui n'est point réserve forme la quotité disponible, laquelle, suivant l'art. 919, peut être donnée à tout successible du donateur, sans être sujette à rapport par le bénéficiaire, si la disposition a été faite expressément à titre de préciput et hors part.

De la réduction des donations et legs.

Lorsque les libéralités excèdent la portion disponible, elles doivent être réduites, parce que les réserves doivent rester intactes. Mais comme les réserves ne peuvent être exigées qu'à la mort du disposant, puisque les héritiers réservataires n'ont de droits ouverts qu'à cette époque, il suit de là que la réduction ne pourra être demandée qu'au décès du disposant, et qu'elle ne pourra l'être que par les héritiers réservataires, ou leurs ayant-cause.

Pour opérer cette réduction on forme une masse de tous les biens existans au décès ; on y réunit fictivement ceux dont il a été disposé par donation entre-vifs. De là les questions suivantes. Les biens vendus soit à la charge de rente viagère, soit à fond perdu ou avec réserve d'usufruit, sont-ils aliénés à titre onéreux ou doivent-ils entrer dans la masse ? l'art. 918 donne la solution de cette question? 2° les frais mentionnés à l'art. 852 sont dispensés de rapport; 3° enfin suivant l'art. 855, l'immeuble qui a péri par cas fortuit entre les mains du donataire n'étant pas soumis à rapport, peut-on étendre la dispense aux sommes données entre-vifs à un donataire devenu insolvable? La négative nous paraît hors de doute.

Les biens sont évalués d'après leur état au temps de la donation, et d'après leur valeur à l'époque du décès du donateur ; ce n'est en effet qu'à cette dernière époque que s'ouvrent les droits des héritiers et que l'on peut connaître si le donateur leur a fait tort. On agit comme si les biens étaient toujours restés entre les mains du donateur dans le même état où ils étaient quand ils en sont sortis. Lorsque la libéralité consiste en un usufruit, l'évaluation paraît difficile à faire, mais la jurisprudence a décidé que l'usufruit est à la propriété dans le rapport de 1 à 2. Au surplus les héritiers à réserve peuvent s'épargner des calculs; l'art. 917 leur donne dans ce cas l'option ou d'exécuter la disposition, ou de faire l'abandon de la propriété de la quotité disponible pour s'en tenir à leur réserve.

Après la formation de la masse et l'évaluation des biens, on déduit les dettes du défunt (il n'y a de biens que dettes déduites), et on calcule sur toute la masse, quelle est, eu égard à la réserve des héritiers, la portion dont le défunt a pu disposer. Si les dettes absorbaient tous les biens laissés, il est évident que la réserve se calculerait sur les biens donnés. La réduction porte d'abord sur les dispositions testamentaires, lesquelles deviennent entièrement caduques si les donations absorbent la portion disponible ; ensuite on attaque les donations en commençant par la plus récente, et en remontant aux plus anciennes, ce qui est assurément très juste et très logique, car c'est la dernière libéralité qui a entamé la réserve. Toutefois si la donation a été faite à l'un des successibles, celui-ci peut retenir sur les biens donnés la valeur de la portion qui lui appartiendrait comme héritier, dans les biens non disponibles, s'ils sont de la même nature ; mais ce droit, l'aurait-il même après avoir renoncé à la succession ? nous le pensons.

L'art. 950 prévoit le cas où les immeubles ont été aliénés par le donataire, et il autorise les réservataires à exercer l'action en réduction ou en revendication, de la même manière et dans le même ordre que contre les donataires eux-mêmes, discussion préalablement faite des biens de ceux-ci. Les immeubles revendiqués reviennent à la succession francs et quittes de toutes dettes ou hypothèques créées par le donataire ou les acquéreurs. A la différence des donations entre-vifs, la réduction des donations testamentaires se fait au marc le franc, sur tous les legs sans distinction sauf pourtant le legs que le testateur a déclaré devoir être acquitté de préférence. Celui-là n'est réduit que lorsque tous les autres ne remplissent pas la réserve légale. L'action en réduction s'éteint par la prescription qui ne commence à courir que du jour du décès du disposant.

CODE DE PROCÉDURE.

Liv. ii, Tit. xvii. — *Des reprises d'instance et constitution de nouvel Avoué.*

C'est un principe de droit naturel devenu une règle élémentaire de procédure, que nul ne peut être jugé sans avoir été entendu. C'est aussi une règle de procédure, qu'on ne peut exercer une action soit en demandant, soit en défendant, devant les tribunaux ordinaires, sans être assisté d'un avoué. Cette double règle est le fondement de la reprise d'instance et de la constitution de nouvel avoué. Si, dans une instance régulièrement engagée, une des parties décède, change d'état, ou cesse les fonctions dans lesquelles elle procédait; si l'un des avoués occupans vient pareillement à mourir, donne sa démission, est destitué ou interdit, la cause sera nécessairement interrompue, car on ne pourra continuer les poursuites contre le successeur de la partie qui a disparu de la scène, et le juger, sans l'avoir mis en cause, sans l'avoir entendu. On ne pourra pas davantage obtenir jugement contre la partie qui se trouve par un événement qu'elle ignore, privée de son avoué. Il y a lieu alors pour le premier cas, à reprise d'instance; pour le second, à constitution de nouvel avoué.

Toutefois, il y a une limitation à ce principe général, qui est elle-même une règle invariable; c'est, aux termes de l'art. 342, lorsque la cause est en état. L'affaire alors a reçu des parties et des avoués une instruction complète, et le juge peut prononcer tout aussi bien que s'il ne fût survenu aucun changement. Quand une des parties est décédée pendant l'instance, son décès est ou n'est pas notifié à l'adversaire. S'il n'est pas notifié, toutes procédures faites et jugemens obtenus par celui-ci sont valables. Il a lieu de croire, en l'absence de notification, que la personne contre laquelle il est en procès continue d'être vivante. Si la notification du décès a été faite, l'adversaire est en demeure de ne pas passer outre, sans que le successeur du défunt ne soit en cause. Le successeur peut ignorer le procès; comment défendrait-il ses droits, s'il n'est pas mis à même de les défendre? il faut l'appeler dans l'instance; mais il peut lui-même prendre l'initiative et se mettre en cause, avant d'être assigné. Dans ce second cas la reprise d'instance est volontaire; elle est forcée dans le premier.

La reprise volontaire a lieu : 1° par la mort naturelle ou civile de la partie : ce sont ceux qui ont succédé à ses droits qui continuent les poursuites ; 2° si l'une des parties devient incapable d'ester en justice. Tel est le cas d'un majeur qui est frappé d'interdiction. L'instance est reprise par le tuteur dont on l'a pourvu; 3° si le préposé à la défense des intérêts d'un incapable cesse ses fonctions. Celui qui succède à ses fonctions reprend les poursuites en son lieu et place. La reprise volontaire d'instance se fait par acte d'avoué à avoué (347).

On ne peut forcer à reprendre l'instance que dans le cas de décès légalement notifié d'une partie; quand il n'y a que changement d'état ou cessation de fonctions, les poursuites sont valablement continuées par l'adversaire (345); l'assignation en reprise forcée d'intance est donnée dans la forme et les délais prescrits pour les ajournemens, avec indication du nom des avoués qui occupaient. Si le défendeur n'avait pas d'avoué constitué avant le décès ou le changement d'état du demandeur, il n'y a pas lieu à reprise d'instance proprement dite contre lui, puisqu'il n'était pas encore partie; mais l'article 345 veut que l'ayant-cause du demandeur l'assigne de nouveau, pour voir adjuger les conclusions. Si l'assigné en reprise ne comparaît pas, il intervient jugement, qui tient la cause pour reprise et ordonne qu'il sera procédé suivant les derniers erremens. Ce jugement étant de défaut est notifié par un huissier commis. Il est susceptible d'opposition. Si l'assigné conteste la demande en reprise, il est fait droit sur la difficulté sommairement; enfin lorsqu'il veut continuer le procès, il doit manifester sa volonté de reprendre l'instance par un acte d'avoué à avoué, et la procédure alors se poursuit d'après les anciens erremens, et suivant les formes ordinaires.

Il n'est pas besoin de signifier les décès ni démission d'un avoué, ce serait une formalité purement frustratoire, car il est impossible que l'avoué adverse ignore la mort ou la démission d'un confrère. La partie qui sera privée de son avoué, si elle veut continuer le procès et reprendre l'instance, devra constituer un nouvel avoué et faire connaître sa volonté et cette constitution par un simple acte. Si elle ne fait point de diligences, son adversaire devra l'assigner en constitution et en reprise, conformément à ce qui est prescrit à l'art. 346; après l'expiration des délais, la procédure se poursuit comme pour les reprises forcées d'instance que nous venons d'expliquer.

CODE DE COMMERCE.

Liv. 3, Tit. 2. — *De la cession de biens.*

La cession de biens est définie par la loi : l'abandon qu'un débiteur fait de tous ses biens à ses créanciers, lorsqu'il se trouve hors d'état de payer ses dettes. Elle est volontaire ou judiciaire. La cession de biens volontaire est celle que les créanciers acceptent volontairement et qui n'a d'effet que celui résultant des stipulations même du contrat passé entr'eux et le failli. C'est un traité ordinaire qui n'est soumis qu'aux règles de droit commun qui régissent les conventions. Les formalités prescrites par les art. 519 et suivans, pour les concordats, ne lui sont pas applicables, il en résulte qu'il n'y a d'obligés que les créanciers qui ont été parties au contrat. Telle est notre opinion.

La cession judiciaire est un bénéfice que la loi accorde au bébiteur malheureux et de bonne foi, de faire à ses créanciers, même malgré eux, l'abandon en justice de tous ses biens pour avoir la liberté de sa personne. Ce bénéfice n'étant accordé qu'au débiteur malheureux et de bonne foi, celui qui le réclame doit prouver ces deux choses ; c'est une grâce qu'il demande, il doit prouver qu'il en est digne. Si cependant, après avoir four i les pièces justificatives de sa bonne foi, quelqu'un de ses créanciers conteste, c'est à celui-ci qu'incombe alors l'obligation de faire la preuve de la mauvaise foi. Le bénéfice de la cession judiciaire est refusé aux stellionataires, banqueroutiers frauduleux, comptables, et aux personnes condamnées pour fait de vol et d'escroquerie. Ces individus ne peuvent évidemment être de bonne foi. La loi le refuse aussi, aux étrangers non domiciliés, tuteurs, administrateurs ou dépositaires, alors même qu'ils seraient de bonne foi, parce que le caractère particulier de leur dette exige que la garantie de la contrainte par corps continue d'exister contr'eux.

Le failli qui veut obtenir le bénéfice de cession, est tenu de faire sa demande à cet effet au tribunal civil de son domicile. Elle est communiquée au ministère public et insérée dans les journaux; — elle ne suspend l'effet d'aucune poursuite, à moins qu'il n'en soit ordonné autrement par le tribunal. Si le failli est admis au bénéfice de cession, il doit la réitérer en personne, ses créanciers appelés, devant le tribunal de commerce de son domicile s'il y en a, et à défaut, à la maison commune un jour de séance. Ses noms, prénoms, profession et demeure, sont insérés dans des tableaux à ce destinés, placés dans l'auditoire des tribunaux civils et de commerce, à la bourse et à la maison commune. Ce jugement n'enlève pas au failli la propriété de ses biens, il ne donne aux créanciers que le pouvoir de les faire vendre pour s'en distribuer le prix. L'effet de la cession de biens est de soustraire le failli à la contrainte par corps.

Tit. V. — *De la réhabilitation.*

Suivant un préjugé populaire, faillite et banqueroute sont synonymes, et le commerçant probe qu'un événement malheureux et imprévu force de cesser ses paiemens, est rangé par l'opinion de la foule sur la même ligne, et flétri ni plus ni moins que le fripon qui a fait un abus scandaleux de la confiance et des capitaux de ses créanciers. On peut dire que la loi a été faite sous l'influence de ce

préjugé odieux. L'état de failli suspend l'exercice des droits de citoyen
La loi ne distingue pas entre le débiteur de bonne foi et le débiteur
à la foi douteuse et suspecte. Elle frappe aveuglément et sans pitié.
Pourtant elle ouvre au failli une voie pour rentrer dans la plénitude
des droits dont elle l'a privé; elle l'admet à réhabilitation; mais elle
met à cette faveur des conditions si onéreuses qu'elle la rend presque impossible; aussi les annales judiciaires ne fournissent presque
pas d'exemples de faillis réhabilités. Celui qui veut être admis au
bienfait de la réhabilitation, doit payer à ses créanciers intégralement
leurs créances en principal, intérêts et frais. Disposition exorbitante
qui sans atteindre la mauvaise foi peu désireuse de réhabilitation, sans
profit pour les créanciers eux-mêmes, décourage la probité et lui ferme
tout espoir de réhabilitation. Pourquoi ne pas dispenser le failli malheureux et honnête de payer les intérêts ou partie des intérêts à
ses créanciers? les bénéfices que ceux-ci ont dû faire en traitant avec
lui, pourraient leur en tenir lieu et les indemniser de leurs pertes.

La demande en réhabilitation doit être adressée à la cour royale,
dans le ressort de laquelle le failli est domicilié, avec les pièces
justificatives à l'appui; le procureur général, sur la communication
qui lui en est faite, en adresse des expéditions par lui certifiées, au
procureur du roi près le tribunal civil et au président du tribunal de
commerce du domicile du pétionnaire, en les chargeant de recueillir des
renseignemens sur la vérité des faits. Par les soins de ceux-ci, une
copie de la pétition est et reste affichée pendant deux mois dans les
salles d'audience de chaque tribunal, à la bourse et à la maison
commune, et est insérée par extraits dans les papiers publics. Pendant ce délai toute partie intéressée peut faire opposition à la réhabilitation, par simple acte au greffe, sans pouvoir être partie dans la
procédure. Après l'expiration des délais, les renseignemens sont trans-
mis au procureur général qui fait rendre l'arrêt. Si la demande est
rejetée, elle ne peut plus être reproduite; si elle est admise, l'arrêt

portant réhabilitation, est rendu public par les moyens et dans les formes indiquées dans l'art. 611. L'énumération des personnes qui ne sont pas admises au bénéfice de réhabilitation est donnée par l'art. 612.

———⋆◦⋆———

Cette thèse sera soutenue le 4 août 1835, à 10 heures du matin.

Vu par le Président de la Thèse,

MALPEL.

Toulouse.—Imprimerie de Marie ESCUDIER, rue St-Rome, n° 26.

www.ingramcontent.com/pod-product-compliance
Lightning Source LLC
Chambersburg PA
CBHW070206200326
41520CB00018B/5523